LOS MAS BELLOS
POEMAS DE AMOR DEL MUNDO

**LOS MAS BELLOS POEMAS
DE AMOR DEL MUNDO**
es editado por
LIBRO LATINO S.A.
Algarrobo 881, C.P.1293,
Buenos Aires, Argentina.
Tel. / Fax: (5411) 4302-8424
E-mail: librolatino@interlink.com.ar
Prohibida su reproducción
total o parcial. Derechos Reservados.
Impreso en Poligráfica del Plata S.A.
Argentina.
Printed in Argentina.
I.S.B.N. Nº 987-9167-97-X
Buenos Aires, marzo de 1999.

LOS MAS BELLOS POEMAS DE AMOR DEL MUNDO

Palabras preliminares

Cuando pensé en estos poemas, de inmediato vinieron a mi memoria esos versos ausentes que reclamaban un lugar en la antología. Al corregir y releer aparecieron desde el olvido nuevos nombres y otras palabras que merecían una página en el libro.

Toda elección es arbitraria, esta antología no escapa a la regla. ¿Son estos los más bellos poemas de amor del mundo? Son sólo algunos de los más hermosos, cada uno de ellos encierra una historia de amor del poeta que lo escribió, y otra del antólogo que lo eligió.

Ahora te sumarás tú, con tu propia historia de amor , que nacerá a partir de estos versos inmortales..

No hay mucho más que decir, señores, estamos hablando del amor, de la poesía y de la vida, que las palabras decidan su destino.

Abre tu corazón y tus ojos, un poeta te está buscando.

Gregorio del Hierro

MIGUEL HERNANDEZ

(España, 1910-1942)

Yo no quiero más luz que tu cuerpo ante el mío

Yo no quiero más luz que tu cuerpo ante el mío:
claridad absoluta, transparencia redonda,
limpidez cuya entraña, como el fondo del río,
con el tiempo se afirma, con la sangre se ahonda.

¿Qué lucientes materias duraderas te han hecho,
corazón de alborada, carnación matutina?
Yo no quiero más día que el que exhala tu pecho.
Tu sangre es la mañana que jamás se termina.

No hay más luz que tu cuerpo, no hay más sol:
todo ocaso.
Yo no veo las cosas a otra luz que tu frente.
La otra luz es fantasma, nada más, de tu paso.
Tu insondable mirada nunca gira al poniente.

Claridad sin posible declinar. Suma esencia
del fulgor que ni cede ni abandona la cumbre,
Juventud. Limpidez. Claridad. Transparencia
acercando los astros más lejanos de lumbre.

Claro cuerpo moreno de calor fecundante.
Hierba negra de origen; hierba negra de sienes.
Trago negro los ojos, la mirada distante.
Día azul. Noche clara.
Sombra clara que vienes.

Yo no quiero más luz que tu sombra dorada
donde brotan anillos de una hierba sombría.
En mi sangre, fielmente por tu cuerpo
abrasada
para siempre es de noche: para siempre es de
día.hemos llegado y partido
ningún camino
podrá hacernos diferentes

LUIS CERNUDA
(España 1904-1963)

Qué más da

Qué más da el sol que se pone
o el sol que se levanta,
La luna que nace o la luna que muere.

Mucho tiempo, toda mi vida, esperé verte
surgir entre las nieblas monótonas,
Luz inextinguible, prodigio
rubio como la llama;
Ahora que te he visto sufro, porque
igual que aquéllos
No has sido para mí menos brillante,
Menos efímero o menos inaccesible que
el sol y la luna alternados,

Más yo sé lo que digo si a ellos comparo,
Porque aun siendo brillante, efímero,
inaccesible,
`Tu recuerdo, como el de ambos astros,
Basta para iluminar, tú ausente,
toda esta niebla que me envuelve.

RAFAEL ALBERTI
(España, 1902)

Amparo

Amparo.
Viene a tu mar de trigos y caballos.
Tu mar dulce tenía,
sabor de plata, amargo,
de plata, sin saberlo, en agonía.
Te vi en el puerto Amparo.
Hermosa de la luz, contra los barcos.
Te vi, tú me veías.
Morena del silencio,
de la palabra ya de tierra, fría.
De la otra mar de sangre,
llegué a tu mar llorando.
Hermosa de la gracia,
clavel de altura, Amparo.
Te oí, tú no me oías.
Morena del reposo,
hermosa del descanso.
Mírame aquí cantando,
Por ti, a lágrima viva,
Moreno de lo ido,
hermosa de las luces ya perdidas.
Amparo.
Vine a tu mar de trigos y caballos.
(A donde tú querías)

ANTONIO MACHADO

(España 1875-1939)

Los ojos

I

Cuando murió su amada
pensó en hacerse viejo
en la mansión cerrada,
solo, con su memoria y el espejo
donde ella se miraba un claro día.
Como el oro en el arca del avaro,
pensó que guardaría
todo un ayer en el espejo claro,
Ya el tiempo para él no correría,

II

Más, pasado el primer aniversario,
¿cómo eran — preguntó -, pardos o negros,
sus ojos? ¿Glaucos? ... ¿Grises?
¿Cómo eran, ¡Santo Dios!, que no recuerdo?...

III

Salió a la calle un día
de primavera, y paseó en silencio
su doble luto, el corazón cerrado...
De una ventana en el sombrío hueco
vio unos ojos brillar. Bajó los suyos
y siguió su camino...¡Como ésos!

JOSE AGUSTIN GOYTISOLO

(España, 1928)

Una historia de amor

Se amaban. Era el tiempo
de las primeras lluvias de verano
y se amaban. Los días
fueron como una larga cinta blanca
que rodeara sus cuerpos enlazados.

Pasó un año tal vez
y luego tres o siete y todavía
ellos se amaban muy directamente
buscándose en la sombra de los parques
en los lechos furtivos.

No hablaban casi nunca. Ella decía
que la esperaban que tenía miedo
y él trabajaba en la oficina
y miraba al reloj esperando la hora
de volver a su lado nuevamente.

Eran distintos y se amaban. El
estaba casado con una rubia idiota
y ella tenía cuatro hijos

y un marido metódico y alegre
que nunca la entendió.

Se amaban en silencio
como cumpliendo un gran deber.
Sus vidas eran diferentes pero
algo muy fuerte les unía algo
que quedaba cumplido en sus abrazos.

BLAS DE OTERO

(España, 1916-1979)

Tarde es amor

Volví la frente: estabas. Estuviste
esperándome siempre
Detrás de una palabra
maravillosa, siempre.

Abres y cierras, suave, el cielo.
Como esperándote, amanece.
Cedes la luz, mueves la brisa
de los atardeceres.

Volví la vida; vi que estabas
tejiendo, destejiendo siempre.
Silenciosa, tejiendo
(tarde es, Amor, ya tarde y peligroso)
y destejiendo nieve...

GABRIEL CELAYA

(España, 1911-1991)

Entre copa y copa

Ponme otra copa. Veremos.
¿No somos felices? Mira el cielo.
Si me echara al abismo, me caería hacia arriba
como en tus dos ojos de noche invertida.
Ponme otra copa, que estoy temblando.
Tirita el cielo
y las estrellas me hacen señales.
Ponme otra copa. Veremos.
¿Somos felices o no lo somos?
Ponme el deseo
como la luna su luz oscura.
Ponme. Te quiero.
Ponte. En el cielo se abre la nada
y aquí lo nuestro.

PAUL ELUARD

(Francia, 1895-1952)

La enamorada

Está de pie sobre mis párpados
con sus cabellos en los míos,
tiene la forma de mis manos,
el color de mis ojos,
y es absorbida por mi sombra
como una piedra por el cielo.

Los ojos tiene siempre abiertos
y no me deja dormir,
a plena luz sus sueños hacen
desaparecer los soles,
me hacen reír, llorar y reír,
hablar sin nada que decir.

JACQUES PREVERT

(Francés, 1900-1977)

Desayuno

Echó café
en la taza
echó leche
en la taza de café
echó azúcar
en el café con leche.
Con la cucharita
lo revolvió
bebió el café con leche
dejó la taza
(sin hablarme).
Encendió un cigarrillo
hizo anillos
de humo
volcó la ceniza
en el cenicero

(sin hablarme),
Sin mirarme
se puso de pie
se puso
el sombrero
se puso
el impermeable
(porque llovía)
y se marchó
bajo la lluvia
sin decir palabra
sin mirarme.
Y me cubrí
la cara con las manos
y lloré,

BERTOLT BRECHT

(Alemania, 1898-1956)

Recuerdo de María A.

Fue un día del azul septiembre cuando
bajo la sombra de un ciruelo joven
tuve a mi pálido amor entre mis brazos
como se tiene a un sueño suave y dulce.

Y en el hermoso cielo del verano,
contemplé una nube sobre nosotros..
Era una nube altísima, muy blanca.
Cuando volví a mirarla, ya no estaba.

Pasaron, desde entonces, muchas lunas
navegando despacio por el cielo,
a los ciruelos les llegó la tala,
Si me preguntas: ¿Qué fue de aquel amor?

Debo decirte que ya no lo recuerdo,
y, sin embargo, entiendo lo que dices,
pero ya no me acuerdo de su cara
y sólo sé que un día la besé.

Y hasta el beso la habría ya olvidado
de no haber sido por aquella nube.

No la he olvidado. No la olvidaré:
era muy blanca y alta, y descendía.

Acaso aún florezcan los ciruelos
y mi amor tenga ahora siete hijos,
pero la nube sólo floreció por un instante:
cuando volví a mirar, ya se había
convertido en viento.

RAYMOND CARVER

(E.E.U.U.,1939-1988)

Memoria

Ella apoya la mano sobre su hombro,
él se niega a escuchar sus palabras
no tiene intenciones de acompañarla,
y sacude la cabeza.

Ella insiste,
acompaña a ese hombre vencido
hasta el auto, que es un modelo grande.
Mira el monstruo metálico
y comienza a reír.
Después,
con la yema de sus dedos
le acaricia la mejilla.

Ella lo abandona con las bolsas de comida
en esa sucia playa de estacionamiento.
Él se siente desdichado, un imbécil,
que debe hacerse cargo de todas las facturas.

GUSTAVO ADOLFO BECQUER

(España, 1836-1870)

Rimas

Yo sé un himno gigante y extraño
que anuncia en la noche del alma una aurora,
y estas páginas son de ese himno
cadencias que el aire dilata en las sombras.

Yo quisiera escribirlo, del hombre
domando el rebelde, mezquino idioma,
con palabras que fuesen a un tiempo
suspiros y risas, colores y notas.

Pero en vano es luchar; que no hay cifra
capaz de encerrarlo, y apenas ¡oh hermosura!
si, teniendo en mis manos las tuyas,
pudiera, al oído, cantártelo a solas.

JUAN RAMON JIMENEZ

(España, 1881-1958)

Adolescencia

En el balcón, un instante
nos quedamos los dos solos.
Desde la dulce mañana
de aquel día, eramos novios.

-El paisaje soñoliento
dormía sus vagos tonos,
bajo el cielo gris y rosa
del crepúsculo de otoño-.

Le dije que iba a besarla;
bajó, serena, sus ojos
y me ofreció sus mejillas
como quien pierde un tesoro.

-Caían las hojas muertas
en el jardín silencioso,
y en el aire erraba aún
un perfume de heliotropos-.

No se atrevía a mirarme;
le dije que éramos novios,
... y las lágrimas rodaron
de sus ojos melancólicos.

CESARE PAVESE

(Italia, 1908-1950)

Vendrá la muerte
y tendrá tus ojos

Vendrá la muerte y tendrá tus ojos.
Esa muerte que nos acompaña
de la mañana a la noche, insomne,
sorda, como un viejo remordimiento
o un vicio absurdo.

Tus ojos serán una inútil palabra,
un grito callado, un silencio.
Así los ves cada mañana
cuando te inclinas solitaria ante el espejo.
Oh querida esperanza,
ese día sabremos también nosotros
que eres la vida y eres la nada.

Para todos la muerte tiene una mirada.
Vendrá la muerte y tendrá tus ojos.
Será como dejar un vicio,
como contemplar en el espejo un rostro muerto,
como escuchar unos labios cerrados.

Descenderemos al remolino silenciosos.

FEDERICO GARCIA LORCA

(España, 1898-1936)

Idilio

Tú querías que yo te dijera
el secreto de la primavera.

Y yo soy para el secreto
lo mismo que es el abeto.

Arbol cuyos mil deditos
señalan mil caminitos.

Nunca te diré, amor mío,
por que corre lento el río.

Pero pondré en mi voz estancada
el cielo ceniza de tu mirada.

¡Dame vueltas, morenita!
Ten cuidado con mis hojitas.

Dame más vueltas alrededor,
jugando a la noria del amor.

¡Ay! No puedo decirte, aunque quisiera,
el secreto de la primavera.

KONSTANTINOS KAVAFIS

(Grecia, 1863-1933)

En las escaleras

Mientras yo bajaba la sucia escalera,
cruzaste la puerta y por un momento
vi tu rostro desconocido y me viste.

Me escondí para que no volvieras a verme,
y tú pasaste ocultando el rostro,
y tú te metiste dentro de la infame casa
sin encontrar allí el placer, como yo tampoco
lo encontré.

Sin embargo, el amor que yo deseaba
te lo podía dar;
el amor que yo deseaba (tus ojos fatigados
y recelosos
me lo dijeron) tú me lo podías dar.
Nuestros cuerpos se hablaron y se buscaron;
nuestra sangre y nuestra piel comprendieron.

Pero confundidos, los dos nos escondimos.

Una noche

La pieza era sucia y pobre,
oculta sobre la taberna de mala fama.
A través de la ventana se veía la pequeña calle,
estrecha y oscura.
Desde abajo,
subían las voces de unos obreros
jugando a las cartas, divirtiéndose.

Y allí, sobre la cama barata y endeble
tuve el cuerpo del amor, tuve los labios
voluptuosos y rojos por la embriaguez,
rojos de tal embriaguez, que ahora,
mientras estoy escribiendo, después de tantos años
en mi casa solitaria, vuelven a embriagarme

FELIX GRANDE

(España,1937)

Casida en la alta madrugada

Cuando te acuerde de mi cuerpo
y no puedas dormir
y te levantes medio desnuda
y camines a tientas por tus habitaciones
borracha de estupor y de rabia.

en algún lugar de la tierra
yo andaré insomne por algún pasillo
careciendo de ti toda la noche
oyéndote ulular muy lejos y escribiendo
estos versos degenerados.

AL-BUHTURI

(Árabe, siglo IX)

Mi infierno y mi paraíso

Sí, acepté el reencuentro
y tu respuesta fue el abandono.
Acepté la desdicha
y tú conservaste el orgullo.

Tu amor, que cautiva,
me hizo sufrir,
y lo que en ti seduce
me engañó.

Yo era libre y tú esclava.
Yo caí en la esclavitud
y tú recuperaste la libertad.

Tú, me torturas
sin cometer ningún crimen,
sólo a ti te pertenece
la fuga posible
muy lejos de mi esclavitud.

Eres mi paraíso,
eres mi infierno,
lo que significa placer
me lastima y me corrompe.

ABU–ISHAQ AL–HUSRI

(Árabe, siglo XI)

Ignorancia

Te quiero con un amor
que ninguna inteligencia
podría entender.
Y si nombrara
todas tus cualidades
mis palabras
jamás encontrarían fin.

Y el límite último
en este amor profundo,
consiste en descubrir,
que es preciso renunciar
a comprender
el verdadero motivo
de su existencia.

EMILY DICKINSON

(E.E. U.U.,1830-1886)

Que yo siempre amé...

*Que yo siempre amé
tengo la prueba
que hasta que amé
nunca viví bastante.*

*Que yo amaré siempre
te lo discutiré
ya que amor es vida
y vida inmortalidad.*

*Si lo dudas, querido,
entonces yo no tengo
nada que mostrar
salvo el calvario.*

MURIEL RUKEYSER

(E.E. U.U., 1913-1980)

Nos mirábamos uno al otro

Sí, nos mirábamos uno al otro.
Sí, nos conocíamos muy bien.
Sí, habíamos hecho el amor muchas veces.
Sí, habíamos escuchado música juntos.
Sí, habíamos visto al mar un amanecer.
Sí, habíamos compartido la comida.
Sí, habíamos reído muchas veces día y noche.
Sí, habíamos luchado contra la violencia
y conocimos la violencia.
Sí, habíamos odiado la opresión
interior y exterior.

Sí, aquel día nos mirábamos.
Sí, vimos la luz del sol entrando por la ventana.
Sí, la esquina de la mesa estaba entre nosotros.
Sí, había pan y flores en la mesa.
Sí, cada ojo vio los ojos del otro.
Sí, cada boca vio la boca del otro.
Sí, cada pecho se vió en el pecho del otro.
Sí, todo nuestro cuerpo se vió en el otro.

35

Sí, estaba empezando en cada uno.
Sí, arrojaba olas a través de nuestras vidas.
Sí, los latidos se volvieron muy fuertes.
Sí, la pulsación se hizo delicada.
Sí, el celo y el deseo.
Sí, la culminación y el placer.
Sí, fue pleno para ambos.
Sí, nos mirábamos uno al otro.

ANNE SEXTON

(E.E. U.U.,1928-1974)

Cuando un hombre entre en una mujer

Cuando un hombre entra en una mujer,
como el oleaje que besa la orilla,
una y otra vez,
y la mujer grita de placer
y sus dientes brillan
como el alfabeto,
Logos aparece ordeñando una estrella,
y el hombre dentro de la mujer
hace un nudo,
para que nunca más estén separados
y la mujer sube a una flor
y Logos aparece
y desata los ríos.

Este hombre,
esta mujer
con su doble hambre,
han procurado penetrar
la cortina de Dios,
lo cual por un instante
han logrado,
aunque Dios en su perversidad,
deshace el mundo.

PEDRO SALINAS

(España, 1891-1951)

Perdóname por ir así buscándote...

*Perdóname por ir así buscándote
tan torpemente, dentro
de ti.
Perdóname el dolor, alguna vez .
Es que quiero sacar
de ti tu mejor tú.
Ese que no te viste y que yo veo,
nadador por tu fondo, preciosísimo.
Y cogerlo
y tenerlo yo en alto como tiene
el árbol la luz última
que le ha encontrado al sol.
Y entonces tú
en su busca vendrías, a lo alto.
Para llegar a él
subida sobre ti, como te quiero,
tocando ya tan sólo a tu pasado
con las puntas rosadas de tus pies,
en tensión todo el cuerpo, ya ascendiendo
de ti a ti misma.*

*Y que a mi amor entonces, le conteste
la nueva criatura que tú eras.*

JORGE GUILLEN

(España, 1893-1984)

Esa boca

Esa boca, tan bella boca para
Besar y ser besada bien ¿ por qué
No rinde con su implícita gran fe
Culto expreso al amor, ya cara a cara?

¿Por qué sobre esos labios no se aclara
la sonrisa ya en rumbo a quien la ve
Como iluminación, y sigue a pie
Modesto aquella luz aún avara?

El reticente rasgo de esa boca,
De pronto revelada valentía
De rojizo retiro tras blancura.

Si el amor lo descubre y no lo toca,
Si así no ha de saber lo que sabría,
¿Para qué vanamente dura y dura?

GERARDO DIEGO

(España, 1896-1987)

Sucesiva

Déjame acariciarte lentamente,
déjame lentamente comprobarte,
ver que eres de verdad, un continuarte
de ti misma a ti misma extensamente.

Onda tras onda irradian de tu frente
y mansamente, apenas sin rizarte,
rompen sus diez espumas al besarte
de tus pies en la playa adolescente.

Así te quiero, fluida y sucesiva,
manantial tú de ti, agua furtiva,
música para el tacto perezosa.

Así te quiero, en límites pequeños,
aquí y allá, fragmentos, lirio, rosa,
y tu unidad después, luz de mis sueños

VICENTE ALEIXANDRE

(España, 1898-1984)

Mano entregada

Pero otro día toco tu mano. Mano tibia.
Tu delicada mano siliente. A veces cierro
mis ojos y toco leve tu mano, leve toque
que comprueba su forma, que tienta
su estructura, sintiendo bajo la piel alada
el duro hueso
insobornable, el triste hueso adonde no llega nunca
el amor. Oh carne dulce, que sí se empapa
del amor hermoso.

Es por la piel secreta, secretamente abierta,
invisiblemente entreabierta,
por donde el calor tibio propaga su voz, su afán dulce;
por donde mi voz penetra hasta tus venas tibias,
para rodar por ellas en tu escondida sangre,
como otra sangre que sonara oscura, que dulcemente
oscura te besara
por dentro, recorriendo despacio como sonido puro
ese cuerpo, que ahora resuena mío, mío poblado
de mis voces profundas,
oh resonado cuerpo de mi amor, oh poseído cuerpo,
oh cuerpo solo sonido de mi voz
poseyéndole.

Por eso, cuando acaricio tu mano,
sé que solo el hueso rehúsa
mi amor -el nunca incandescente hueso del hombre-.
Y que una zona triste de tu ser se rehúsa,
mientras tu carne entera llega un instante lúcido
en que total flamea, por virtud de ese
lento contacto de tu mano,
de tu porosa mano suavísima que gime,
tu delicada mano silente, por donde entro
despacio, despacísimo, secretamente en tu vida,
hasta tus venas hondas totales donde bogo,
donde te pueblo y canto completo entre tu carne.

EMILIO PRADOS

(España,1899-1962)

Sueño

Te llamé. Me llamaste.
Brotamos como ríos.
Alzáronse en el cielo
los nombres confundidos.

Te llamé. Me llamaste.
Brotamos como ríos.
Nuestros cuerpos quedaron
frente a frente, vacíos.

Te llamé. Me llamaste.
Brotamos como ríos.
Entre nuestros dos cuerpos,
¡qué inolvidable abismo!

Manuel Altolaguirre

(España, 1905-1959)

Tu desnudo

El cielo de tu tacto
amarillo cubría
el oculto jardín
de pasión y de música.
La caria del alma
-brisa en temblor- movía
todo lo que tú eras.

¡Qué crepúsculo bello
de rubror y cansancio
era tu piel! Estabas
como un astro sin brillo,
recibiendo del sol
la luz de tu contorno.

Sólo bajo tus pies era de noche.

GIUSSEPPE UNGARETTI

(Italia, 1888-1970)

Junio

Cuando muera en mí esta noche
y como otro hombre distinto
pueda mirarla
y me adormezca el rumor
de las olas
que terminan de revolcarse
en el cerco de aromos de mi casa.

Cuando me despierte
en tu cuerpo
que se modula
como la voz del ruiseñor

Cuando en la transparencia
del agua
el oro velado
de tu piel
se convierta en sombra.

Liberada de las placas resonantes
del aire
serás como una pantera

En los filos
movedizos

de la sombra
te deshojarás

Rugiendo
muda en
ese polvo
me sofocarás

Después
entornarás los párpados

Veremos nuestro amor reclinarse
como anoche

Después veré sereno
en el horizonte de betún
de tus iris morir
mis pupilas

Ahora el aire está quieto
como a esta hora
en mi país de Africa
los jazmines

He perdido el sueño

Oscilo
al borde de una calle
como una luciérnaga

¿Morirá en mí esta noche?

D. H. LAWRENCE

(Inglaterra, 1885-1930)

Quisiera conocer a una mujer

Quisiera conocer una mujer
que fuera como una llama roja en la chimenea
brillando después de las furiosas ráfagas del día.
para que pudiera acercarme a ella
en la dorada tranquilidad del atardecer
y ser feliz realmente a su lado
sin la obligación de esforzarme
a amarla por cortesía,
ni la de conocerla mentalmente.
Sin tener que sufrir un escalofrío,
un temblor cuando le hablo.

ANDRE BRETON

(Francia, 1896-1966)

La unión libre

Mi mujer con cabellera de incendio de bosque
Con pensamientos de relámpagos de calor
Con talle de reloj de arena
Mi mujer con talle de nutria entre los dientes del tigre
Mi mujer con boca de escarapela y de ramillete
de estrellas de primera magnitud
Con dientes de huella de ratón blanco
sobre la tierra blanca
Con lengua de ámbar y de vidrio frotados
Mi mujer con lengua de hostia apuñalada
Con lengua de muñeca que abre y cierra los ojos
Con lengua de piedra increíble
Mi mujer con pestañas de palotes de letra de niño
Con cejas de borde de nido de golondrinas
Mi mujer con sienes de pizarra de techo de invernáculo
Y de vaho en los vidrios
Mi mujer con hombros de fino champaña
Y de fuente con cabezas de delfines bajo el agua
Mi mujer con muñecas de trapo
Mi mujer con dedos de azar y de as de corazón
Con dedos de heno segado
Mi mujer con axilas de marta y de bellotas
De noche de San Juan
De ligustro y de ramo de rosas

Con brazos de espuma de mar y de canales
Y de una mezcla del trigo y el molino
Mi mujer con piernas de cohete
Con movimientos de relojería y desesperación
Mi mujer con pantorrillas de médula de saúco
Mi mujer con pies de manojos de llaves con
pies de pájaros que beben
Mi mujer con cuello de cebada salvaje
Mi mujer con garganta de Valle de Oro
De cita en plena cama del torrente
Con senos nocturnos
Mi mujer con senos de crisol de rubíes
Con senos de espectro de la rosa bajo el rocío
Mi mujer con vientre de apertura
del abanico de los días
Con vientre de garra gigante
Mi mujer con espalda de pájaro en fuga cenital
Con espalda de mercurio
Con espalda de luz
Con nuca de canto rodado y de tiza mojada
Y de caída de un vaso en el que acaban de beber
Mi mujer con caderas de barquilla
Con caderas de lámpara y de plumas de flecha
Y de tallos de plumas de pavo real blanco
De balanza insensible
Mi mujer con nalgas de greda y amianto
Mi mujer con nalgas de lomo de cisne
Mi mujer con nalgas de primavera
Con sexo de gladiolo
Mi mujer con sexo de yacimiento aurífero

49

y de ornitorrinco
Mi mujer con sexo de alga y de viejos bombones
Mi mujer con sexo de espejo
Mi mujer con ojos llenos de lágrimas
Con ojos de panoplia violeta y de aguja imantada
Mi mujer con ojos de pradera
Mi mujer con ojos de agua para beber en prisión
Mi mujer con ojos de bosque eternamente
bajo el hacha
Con ojos de nivel de agua de nivel
de aire de tierra y de fuego.

HARALD SVERDRUP
(Noruega,1923-1992)

Quimono

Abro tu quimono
dentro resplandece tu desnudez.

Abro tu cuerpo
dentro se ramifican los ríos el mar.

Más allá
espera un dibujo de huesos blancos como la cal
una inmensa oscuridad sin tiempo ni final.

Cierro tu quimono
por fuera
arde el rojo-verde-naranja
azul-violeta-amarillo.

Cerramos nuestro amor
dentro
un dios solar crea y sueña un arco iris.

51

INGIBJORG HARALDSDOTTIR
(Islandia, 1942)

Mujer

Cuando todo está dicho,
cuando los problemas del mundo
han sido pesados,
medidos y resueltos...
Cuando los ojos se han visto
y estrechado las manos
en momentos solemnes...

Llega siempre una mujer
que recoge la mesa,
barre el suelo, abre las ventanas
y elimina el humo de los cigarrillos.

No falla.

JAN ERIK VOLD

(Noruega, 1939)

Poema de alondra

Cuanto más
canta ella,
menos entiende él.

Hasta que ella deja de cantar.

Y entonces,
él pierde la razón.

DINO CAMPANA
(Italia, 1885)

Mujer genovesa

Tú me trajiste un poco de algas marinas
en tus cabellos y un olor de viento,
que viniendo de lejos llega grave de ardor.
Había en tu cuerpo bronceado
-oh la divina simplicidad de tus formas esbeltas-
ni amor ni sufrimiento, un fantasma,
una sombra de la necesidad que vaga
serena y trágica por el alma
y la disuelve en júbilo, en encanto,
para que pueda el viento del sudeste
guiarla al infinito.

¡Qué pequeño y ligero es el mundo en tus manos!

VICENZO CARDARELLI

(Italia, 1887-1959)

Pasado

Los recuerdos, esas sombras tan largas
de nuestro cuerpo,
ese residuo de muerte
que dejamos viviendo,
los lúgubres y durables recuerdos,
están aquí surgiendo:
melancólicos y mudos
fantasmas agitados por un fúnebre viento.
Y no eres más que un recuerdo.
Has transcurrido en mi memoria.
Ahora sí puedo decir
que me perteneces
y que algo entre nosotros ha ocurrido
irrevocablemente.
¡Todo acabó tan rápido!
Precipitado y leve
el tiempo nos dio alcance.
De fugaces instantes hilvanó un cuento
cerrado y triste.
Debíamos saber ya que el amor
quema la vida y hace huir al tiempo.

EUGENIO MONTALE

(Italia, 1896-1981)

Poema 5 de Xenia II

De tu brazo he bajado por lo menos
un millón de escaleras
y ahora que no estás cada escalón es un vacío.
También así de breve fue nuestro largo viaje.
El mío aún continúa, pero ya no necesito
los transbordos, las reservaciones,
las trampas, la angustia de quien cree
que lo que vemos es la realidad.

He bajado millones de escaleras dándote el brazo
y no porque cuatro ojos puedan ver más que dos.
Contigo los bajé porque sabía que de ambos
las únicas pupilas verdaderas,
aunque muy empañadas,
eran las tuyas.

SALVATORE QUASIMODO

(Italia, 1901-1968)

Carta

Este silencio instalado en las calles,
este viento indolente que ahora se desliza lento,
entre las hojas muertas o se eleva
a los colores de insignias extranjeras...
Quizás el ansia de decirte una palabra
antes de que una vez más se cierre el cielo
sobre otro día;
quizás la inercia, nuestra peor maldad...
La vida no está en este tremendo, este sombrío
latir del corazón,
y no es piedad, no es más que un juego de la sangre
en que la muerte está en flor.
Oh mi dulce gacela,
yo recuerdo aquel geranio rojo
sobre un muro acribillado de metralla.
¿O tampoco la muerte ahora consuela
más a los vivos, la muerte por amor?

ALFONSO GATTO

(Italia, 1909-1976)

Quizás me deje de tu bello rostro

Quizás me deje de tu bello rostro
el amor un soplo.
El celeste ocaso
se esfumará como un silencio en torno.
Era la nieve dulce de tu paso
y la ciudad de pobres astilleros.
Bajo el cielo de humo se apaga el azul
reflejo de los muros.
Y me hablabas,
sueltos los senos como una muchacha,
y alejada de ti, casi en un sueño,
yo te veía descender en el dulce
sendero del ocaso.

Una palabra basta sobre tu alma,
y ninguno sabrá expresar
el silencio que alborea de tu soplo.
Sólo la noche, cuya luna pasa
idéntica en mis sueños,
fijando contra el cielo árboles y colinas,
y el viento en los cipreses.

En su templado olvido que el oriente
consume de caras lejanas y sombras,
yo sé que el día te socorre,
sé que olvidas los sueños y mi voz.
Me queda sólo de tí el aire,
un pasado de nada, una palabra.

GIORGIO CAPRONI

(Italia,1912-1990)

Alba

Amor mío, entre el humo de este bar
de madrugada,
¡qué invierno largo y qué frío tengo al esperarte!
Acá, donde el mármol hiela la sangre y saben
de hielo hasta los ojos,
en el yermo sonido tras la escarcha,
¿qué tranvía escucho ahora que abre y cierra
siempre sus puertas solitarias?...
Amor, mi pulso se detuvo: y si el vaso
entre el estruendo
sutil vibra en los dientes,
quizá sea de esas ruedas un eco.
Más tú, amada,
ahora que en vez de ti ya el sol despunta,
¡no digas, no me digas que desde aquellas puertas
aquí, junto a tu paso, espero a la muerte!

MARIO LUZI

(Italia, 1914)

Abril Amor

El pensamiento de la muerte me acompaña
entre los muros de esta calle que asciende
y pena a lo largo de sus recodos.
El frío primaveral irrita los colores,
enrarece la hierba, las glicinas, vuelve áspera
la piedra;
lastima las manos secas y estremece.

Tiempo que sufre y hace padecer,
Tiempo que en un vórtice claro trae flores
junto a crueles apariciones,
y cada una
mientras te inquieres qué es
desaparece rápidamente entre el polvo y el viento.

El camino va por sitios conocidos
que se vuelven irreales
y anuncian el exilio y la muerte.
¡Tú que eres, yo que he llegado a ser,
que merodeo en tan ventoso espacio,
hombre tras una huella fina y débil!

Es increíble que yo te busque en este
o en otro sitio de la tierra donde

ya es mucho si podemos reconocernos.
Más todavía, hay una edad, la mía,
que espera de los otros
eso que está entre nosotros o no existe.

El amor ayuda a vivir, a durar,
el amor anula y da principio.
Y cuando aquel que sufre o se consume espera,
si aún espera que un auxilio se anuncie desde lejos,
está en él, basta un soplo para reavivarlo.
Esto lo he aprendido y olvidado mil veces,
ahora por ti se me vuelve evidencia,
ahora adquiere viveza y verdad.

Mi dolor es durar más allá de ese instante.

GIOVANNI GIADUCI

(Italia,1924)

Preliminar de acuerdo

Sin embargo un mínimo de impostura es necesario,
me dijo.
La verdad no coincide con la cordura.
Algunas reglas del juego están contra el desorden.
Sé grato al ritual. La verdad te devora.

Tienes razón, se esperaba que yo respondiera.
Representemos, pues, la farsa del razonable.
También yo repetiré que no se puede tener todo
pronto a morir con tal que no se hunda el lecho
donde muero.

Pero también para mí era la última oportunidad
que quedaba.
Y antes de firmar solo pedía
si en cambio de aceptar ese mucho de ficción
que decía un mínimo de verdad hubiera sido posible.

FERNANDO PESSOA

(Portugal, 1888-1935)

Todas las cartas de amor son ridículas

Todas las cartas de amor son ridículas.
No serían cartas de amor si no fuesen ridículas.
También yo escribí en mis tiempos
cartas de amor ridículas.

Las cartas de amor, si existe el amor,
tienen que ser ridículas.

Pero, a fin de cuentas,
sólo las criaturas que no escribieron nunca
cartas de amor
son ridículas.

¡Ojalá pudiese retornar
al tiempo en que escribía,
sin darme cuenta de ello,
cartas de amor ridículas!

La verdad es que hoy mis memorias
de aquellas cartas de amor
son las que son ridículas.

(Todas las palabras esdrújulas
y también las emociones esdrújulas
son naturalmente ridículas.)

JOAQUIM NAMORADO
(Portugal, 1938)

Libertad

¿Quién les marca
fronteras
a las nubes?
El ala que es su sombra
¿en dónde vive?

Las mordazas ahogan
las palabras
pero nadie te calla,
pensamiento.

¿Quién manda a la se-
milla:
"No germines",
y a su fruto le ordena
que no sea?

Se amarran las muñecas
con esposas
pero nadie te ata,
pensamiento.

¿Quién al día le obliga
a que no nazca
y ordena al sol,
su fuente,
que no brille?

Se tapian las ventanas
con ladrillos
pero nadie te ciega,
pensamiento.

¿Quién le dice al amor
que es imposible,
al recuerdo,
"No lo seas"?

Aparta a los amantes
la distancia;
nadie te robará
mi pensamiento.

CARLOS DE OLIVEIRA
(Portugal, 1921)

Incendio

Me pides la vida entera
y la vida entera, ¡no!
Te doy lo que le sobre al corazón
del incendio del mundo
tras la última hoguera.
Y si tú entonces puedes
ser palma de mi gloria
para eso te instalo en la memoria.

Henri Michaux

(Bélgica, 1899-1984)

La muchacha de Budapest

En la bruma tibia de un aliento de muchacha
encontré mi lugar.
Allí me quedé y no me he movido.
Nada pesan sus brazos.
Se está en ellos como en el agua.
Lo marchito desaparece ante ella.
Solo están sus ojos.
Y altas y bellas flores crecen en nuestro campo.

Cómo te apoyas ahora, obstáculo ligerísimo.
Cómo te apoyas sobre mi pecho,
ahora que ya no eres.

ERIK LINDEGREN

(Suecia)

Airoso

Estamos siempre juntos,
en alguna parte dentro de nosotros
nuestro amor nunca puede huir
en alguna parte
en alguna parte
todos los trenes han partido y todos los
relojes se han detenido:
en alguna parte dentro de nosotros estamos siempre
ahora y aquí,
somos siempre tú hasta confundirnos y fundirnos,
en una metamorfosis de maravilla,
ola que se quiebra, nieve y llama de la flor.

En alguna parte dentro de nosotros
donde los huesos se han blanqueado
después de la sed del buscar y la sed del dudar
hasta la huidiza negación
hasta el secreto ceder
¡Nube de consuelo!

En alguna parte dentro de nosotros
donde estos huesos blanquean
y los espejismos se reconocen

brota la certeza en la lejanía como la ola
en la oleada
reflejas nuestra lejanía como la estrella en la ola
y el sueño deja siempre la máscara y se vuelve tú
que te escapas
para volver a volver
para volver
más y más dentro de nosotros
más y más tú.

ELENA VACARESCO

(Rumania 1866-1958)

Amor triste

Tu corazón ha cantado en la noche
Y era tan dolorosa su canción
Que se despertaban las flores para preguntar:
¿Qué doloroso corazón es ese que canta por la noche?

Cuando cae un nido, lo llora el viento.
Al sol poniente le cuentan los pájaros: cantamos tu
fulgor.
Entre los trigos verdes venía una muchacha.
Ella vio que yo era joven.
Y que sería dulce para mí oír su voz.
Y como yo amaría sus palabra
Ella me las dijo entre las flores.
¿Cómo será el lugar de mi tumba
qué flores crecerán a su alrededor?
¿Qué dirá mi tumba viéndome morir tan feliz?
Quiero que sea muy profunda
Para no escuchar el sonido de tu voz.
Ni las palabras que el viento entrega a las flores
Ni el ruido de tu ventana abierta por el viento.

Tu corazón ha cantado en la noche
Y era su canción tan dolorosa
Que las flores se despertaban para preguntar:
¿Qué corazón doloroso es ese que canta en la noche?

BO JUYI

(China. Dinastía Tang)

La vejez

Tú y yo
envejeceremos juntos.
Veamos un poco:
¿cómo es este asunto
de la vejez?

Los turbios ojos se
cerrarán
antes de que anochezca.

La perezosa cabeza
estará despeinada
cerca del mediodía.

Apoyados en bastones
daremos paseos cortos.

Nos sentaremos por
largas horas
con las puertas
cerradas.

Nunca nos miraremos
en ese espejo.

No podremos leer
los libros
con letras pequeñas.

Cada vez será
más hondo
el cariño por los viejos
amigos.

Cada vez será más
extraño
el trato con los más
jóvenes.

Cada vez será más
silencioso y firme
el amor.

Quedará una cosa
intacta:
el placer de las charlas
y el tiempo que pasare-
mos juntos los dos.

SOPHIA DE MELLO BREYNER ANDRESSEN

(Portugal 1919)

Terror de amarte

*Terror de amarte en un sitio tan frágil
como el mundo.*

Mal de amarte en este lugar de imperfección.

Donde todo nos quiebra y enmudece.

Donde todo nos miente y nos separa.

Felicidad

Por la flor Por el viento Por el fuego
Por la estrella de la noche tan límpida y serena
Por el nácar del tiempo Por el ciprés agudo
Por el amor sin ironía Por todo
lo que atentamente esperamos
reconocí tu presencia incierta
Tu liberada y fantástica presencia.

MALCOLM DE CHAZAL
(Isla Mauricio, 1902)

Te amo

"Te amo"
dice la mujer
"Cuídate
de no amarme
demasiado
-dice el amante-
pues retornarías
a ti misma
El amor es redondo"

ROBERT LOUIS STEVENSON

(Escocia 1850- Samoa 1894)

Para mi esposa

He visto la lluvia.
He visto dibujarse el arco iris sobre Lammermuir.

Presté atención
y volví a escuchar las campanas de mi ciudad
ahogando al viento filoso del mar.

Y aquí,
tan lejos,
pero con mi alma en mi tierra natal,
escribo.

Son tuyas estas páginas.
Porque:
¿Quién hizo brillar mi espada,
quién mantuvo encendido el fuego del hogar,
quién puso muy altas las metas?
Quién sino tú,
parca en elogios,
pródiga en censura.

Así que ahora, al final,
si sobrevive alguna página,
si algo logré,
si alguna llama continúa ardiendo,
que tuyo sea el honor.

Deja que tu amor se vaya

Deja que tu amor se vaya, si así lo quiere.
No trates de impedir su vuelo caprichoso.
De todo lo que dio y se lleva permanece en ti lo mejor.
Porque si algo ha dado ese amor, ya algo es nuestro
para siempre.

El que ha amado
verá al amor en su desdicha
y será menos pesada entonces la tristeza.

ROSALÍA DE CASTRO

España (1837-1885)

A las orillas del mar
(Fragmentos)

¡Quién supiera en qué piensas, amor de mis amores,
cuando con leve paso y contenido aliento
temblando a que percibas mi agitación extrema
allí donde te escondes, ansiosa te sorprendo!

-Pienso en cosas tristes a veces y tan negras,
y en otras tan extrañas y tan hermosas pienso,
que... no las sabrás nunca, porque lo que se ignora
no nos daña si es malo, ni perturba si es bueno.

-Que cuando a nuestros ojos un velo los oculta,
es temeraria empresa descorrer ese velo,
no pienses, pues, bien mío, no pienses en qué pienso.
-Pensaré noche y día, pues sin saberlo muero...

John Louis Tiperson

Gales 1879-1925)

No hay luz en el silencio

No hay luz en el silencio
Cuando el adiós responde
Ni habrá beso que decida
Ni abrazo que disponga
El amor es esta forma de quebrar ramas
secas entre los dedos
Este dolor de comprender a los retratos
Todos los caminos nos conducen a la soledad
Porque todos los caminos con venas del amor
No hay luz en el silencio
Cuando el adiós responde
Ni habrá muerte que pueda con el amor.

JACQUES PRÉVERT

Francia(1900-1977)

Para ti mi amor

Fui al mercado de pájaros
Y compré pájaros
Para ti
Amor mío

Fui al mercado de flores
Y compré flores
Para ti
Amor mío

Fui al mercado de hierros viejos
Y compré cadenas
Pesadas cadenas
Para ti
Amor mío

Y después
Fui al mercado de esclavos
Y te busqué
Pero no di contigo
Amor mío

Canción

Qué día es hoy
Es todos los días
Amiga
Es toda la vida
Amor
Amamos y vivimos
Vivimos y amamos
Y no sabemos qué es la vida
Y no sabemos qué es el día
Y no sabemos qué es amor.

LORD BYRON
Inglaterra (1788- 1824)

A M ...

Al formarte la naturaleza
con su maravilloso poder,
tuvo miedo por haberte creado
demasiado hermosa para el mundo terrenal
y que te reclamara como suya el cielo.

También el cielo
temió el robo
y para proteger su obra
puso en tus ojos
un rayo oculto
para protegerlos del amor humano.

Si amor perdura

Si al mundo sublimado
en el misterio
también va nuestro amor,
si las llamas depuran
a las almas,
la muerte será entonces libertad.
Cuando el hombre llega forzado
a la boca del abismo
si vacila en saltar no es por sí mismo,
es su amor quien lo aferra a este existir.
Déjennos creer que en la otra vida
el alma encontrará su confidente
con ella beberá en la fuente de la eternidad
y nunca más volverá a morir.

NOVALIS
(Alemania 1772-1801)

Cuando ya ni los números

Cuando ya ni los números ni los esquemas
constituyan la clave de los hombres,
y aquellos que ahora cantan o que besan
posean mucha más ciencia que un sabio;
cuando a una vida libre se dirija el mundo
y vuelva desde esa vida hacia sí mismo;
cuando la luz y la sombra se unan en la claridad,
y cuando en la poesía y la leyenda
aparezca la verdadera historia del mundo,
entonces una mágica palabra
ahuyentará a cualquier falsa criatura.

NAZIM HIMMET

(Turquía 1902-1965)

Nosotros

Nosotros dos,
Querida,
Lo sabemos muy bien;
Tan sólo nos enseñan
A tener hambre y frío,
A deslomarnos trabajando,
Y a vivir separados,
No hemos sido obligados a matar todavía,
Y no nos ha tocado todavía morir,
Nosotros dos,
Querida,
Lo sabemos muy bien,
Podemos enseñar a los demás
A luchar por los nuestros,
A amar un poco más todos los días,
Y cada día
Un poco mejor.

GREGORY CORSO

(E.E.U.U. 1939)

En las paredes de un aburrido cuarto

Colgué
viejas fotos
de chicas de mi infancia,

Con el corazón
destrozado
me senté
con los codos sobre la mesa,
el mentón en la mano,
estudiando
los ojos de Helen,
la boca débil de Jane,
el pelo dorado de Susan.

CARLOS EDMUNDO DE ORY

(España 1925)

Tono

Escribir con una espada.

Acariciar sin tener manos.

Encontrar pedazos de luna en los bolsillos.

Comprar una playa con gritos.

Ir al infierno a ver a un amigo.

Enviar una mano a su amada.

WALT WHITMAN

(E.E.U.U. 1818-1891)

Como Adán

Como Adán,
temprano en la mañana,
saliendo del retiro del bosque,
renovado en el descanso,
mírame cuando paso,
oye mi voz,
acércate,
tócame,
tócame con la palma de la mano
cuando yo pase,
no tengas miedo de mi cuerpo.

MILTON STUART ANDERSON

(Chipre 1918-1943)

Amor

En las islas
Es el amor
La orilla
Y la lengua del mar
Como un laberinto
Enredando sueños y caracolas muertas

En las islas
Es el amor
La nada
Que se retuerce entre las algas
Y manifiesta su dolor
En cada adiós de las piedras

¡No me dejes en las islas
con este amor de arena!

ANDREW MARVELL

(Inglaterra 1621-1678)

A su esquiva dama

Si hubiera mundo y tiempo suficientes,
tu esquivez, Señora, yo aceptaría.
Sentados pensaríamos el modo
de andar la gran jornada del amor.
Tú a la orilla del Ganges buscarías
rubíes, yo en los márgenes del Humber
lloraría mi suerte. Te amaría
desde diez años antes del Diluvio
hasta la conversión de los Hebreos.
Mi vegetal amor, más vasto y lento
que los anchos imperios crecería;
cien años pasaría alabando tus ojos,
doscientos adorando cada pecho,
y treinta mil enteros para el resto.
Pues Señora, mereces tal estado
y yo no te amaría a menor precio.
Pero siempre a mi espalda oigo el alado
carro del tiempo que me alcanza deprisa.
Y ante nosotros yacen extendidos
los desiertos de vasta eternidad.
Tu belleza ya no será alabada
ni sonarán en tu cripta de mármol
los ecos de mi canto; los gusanos
probarán tu guardada doncellez
y tan sutil honor se hará allí polvo
y cenizas tan sólo mi deseo.

Solitarias y hermosas son las tumbas
pero nadie se besa en su frialdad.
Por eso ahora que tu piel es joven
y tu alma respira de ilusiones
y de tus poros brota el fuego,
juguemos a gozar
devoremos el tiempo en vez de agonizar en él.
Hagamos rodar nuestra fuerza y nuestra dulzura
y luchemos en el placer.
No detengamos al sol,
hagamos que camine.

LEÓN FELIPE

(España 1884-1968)

Como aquella nube blanca

Ayer estaba mi amor
Como aquella nube blanca
Que va tan sola en el cielo
Y tan alta
Como aquella
Que ahora pasa
Junto a la luna
De plata.

Nube blanca,
Que vas tan sola en el cielo,
Y tan alta
Junto a la luna de plata,
Vendrás a parar mañana,
Igual que mi amor,
En agua,
En agua del mar amarga.

HEINRICH HEINE

(Alemania 1797-1856)

¿Qué quieres?

¿Qué quieres? ¿qué pretendes
oh, silenciosa lágrima
de mis antiguas penas
sobre mis tristes ojos olvidada?

Tuviste dulce coro
De brillantes hermanas,
Que entre el viento y la noche
Huyeron con mis dichas no logradas.

Hasta mi amor dichoso
Huyó cual leve ráfaga.
Disípate a tu vez sobre mis ojos,
Melancólica lágrima.

HERMAN HESSE

(Alemania 1877-1962)

En la niebla

¡Extraño vagar entre la niebla!
Cada flor, cada piedra, están solitarias,
Ningún árbol mira al otro,
cada uno está solo.

El mundo estaba lleno de amigos cuando en mi vida
había luz,
Pero ahora que la niebla me cubre
nadie más está visible.

Nadie es sabio si no se ha hundido en las tinieblas.
Lo inevitable nos aparta del amor.

Vivir es estar solo.
Nadie conoce al otro.
Cada uno está solo.

CONSTANTIN KAVAFIS

(Grecia 1863-1933)

Voces

Voces amadas, imaginarias
De aquellos que murieron o de aquellos que están,
Como los muertos, perdidos entre nosotros.

A veces nos hablan en sueños,
A veces, en su imaginación, las oye el pensamiento.

Y con su sonido, retornan por un instante
Ecos de la poesía primera de la vida,
Como música, que en la noche, se extingue lejana.

WILLIAM BROWNE
(Inglaterra 1590-1643)

El canto de Celadyne

Así la maravilla
a la puesta del sol cierra sus hojas.
Así la abeja cuando cae el día
deja ramos de madreselvas.
Así lloran las tórtolas
al perder su pareja.
Y así todo se vuelve triste,
como yo, desde que ella se marchó.
Para unos pocos pájaros ha prolongado la naturaleza
todo el verano como un solo día,
y gozado de la furia del invierno durante el sueño.

¡Felices los pájaros
que ignoran el dolor de perder y de olvidar!

Muchas veces oí
que hay quien profesa
el arte de la memoria.

Si alguien enseña el olvido
lo quisiera aprender;
probaría un acto aún más difícil
que me hiciera amarla
y olvidarla al mismo tiempo.

JOHN DONNE
(Inglaterra 1572-1631)

El Éxtasis

Los misterios del amor crecen en las almas.
Pero el cuerpo es un libro.
Y si algún amante, como nosotros,
Ha oído este diálogo de uno,
Que sigo observando y verá,
Que al retornar a los cuerpos
Muy poco habremos cambiado.

RAFAEL ALBERTI

(España 1902)

La amante

Por amigo, por amiga.
Sólo por amiga.
Por amante, por querida.
Sólo por querida.
Por esposa, no.
Sólo por amiga.

Si me fuera, amante mía, si me fuera yo.
Si me fuera y no volviera, amante mía, yo.
El aire me traería, amante mía, a ti.

RAINER MARÍA RILKE

(Checoeslovaquia 1875-1926)

Canción de amor

¿Cómo debo poner el alma para que
no roce la tuya?
¿Cómo debo alzarla sobre ti, hacia otras cosas?
Quisiera guardarla junto a algo perdido
en la oscuridad,
en un lugar extraño y silencioso que no hablara
cuando tu hondura vibra.

Pero si nos rozamos,
nos llevamos el uno al otro
como el arco y el violín
sacando de dos cuerdas una sola nota.

¿En qué instrumento estamos extendidos?
¿Qué violinista nos tiene en la mano?

¡Oh, qué dulce canción!

JUAN RAMÓN JIMÉNEZ

(España 1881-1958)

Me hecho en tu alma...

Cuando, dormida tú, me hecho en tu alma,
y escucho, con mi oído, en tu pecho desnudo,
tu corazón tranquilo, me parece
que en su hondo latir, sorprendo
el secreto del centro del mundo.
Me parece que legiones de ángeles,
de caballos celestes
—como cuando, en la alta noche escuchamos,
sin aliento
y el oído en la tierra,
trotes distantes que no llegan nunca—,
que legiones de ángeles vienen por ti de lejos
—como los Reyes Magos
el nacimiento eterno de nuestro amor—,
vienen por ti, de lejos,
a traerme, en tu ensueño,
el secreto del centro del cielo.

PAUL VERLAINE
(Francia 1844-1896)

El amor caído

¡El viento de la otra noche ha derribado el Amor
que en el rincón más misterioso del parque,
sonreía tensando malignamente su arco,
y cuyo aspecto tanto nos hizo soñar todo un día!
Oh, es triste. Y tú misma ¿no es cierto?
Estás conmovida
ante tan doliente cuadro, aunque tu mirada frívola
se divierta con la mariposa
de púrpura y oro que vuela
por encima de los escombros de que la
avenida está cubierta.

Éxtasis lejano

¿Todavía late mi nombre en tu corazón?
¡Ah los hermosos días de dicha indecible en que
uníamos las bocas!
¡Qué azul era el cielo! ¡Qué grande la esperanza!
La esperanza vencida se perdió en el horizonte.

GUSTAVO ADOLFO BÉCQUER

(España 1836-1870)

Poesía eres tú...

¿Qué es poesía? -dices mientras clavas
en mi pupila tu pupila azul;
¿Qué es poesía? ¿Y tú me lo preguntas?
Poesía... ¡Eres tú!

Por una mirada
un mundo...

Por una mirada, un mundo;
Por una sonrisa, un cielo;
Por un beso... ¡yo no sé
Qué te diera por un beso!

RENZO BÖHMM

(Alemania 1928)

Montañas

Resuena la luz en el valle
Y es el dolor del eco
El que repite tus voces
Que me dicen eternamente adiós.
Despedido por tu rostro
Es mi vida un puerto eterno
Del que huyen los barcos sin alma.
Montañas que separan a ese lugar donde te refugias
Inalcanzables cimas que jamás escalaré.
Es el amor este abismo
Esta ladera obscura de la vida.

Sensación

En las tarde azules de verano, iré por los senderos,
rozado por el trigo, aplastaré los pequeños pastos,
soñador, sentiré su frescor en mis pies,
dejaré que el viento bañe mi cabeza desnuda.

No hablaré, no pensaré en nada;
pero el amor infinito me subirá al alma;
me iré lejos, muy lejos, como un bohemio,
por la Naturaleza, feliz como una mujer.

VLADIMIR MAIACOVSKY

(Georgia 1893-1930)

Deducción

No acabarán el amor,
ni la riña.
Ni la distancia.
Pensado, probado, verificado.
Levanto solemne al verso de mil dedos -estrofas.
Juro, fiel y seguro.
Amo.

FEDERICO GARCIA LORCA

(España 1898-1936)

Amparo

Amparo
¡qué sola estás en tu casa
vestida de blanco!

(Ecuador entre el Jazmín
y el nardo)

Oyes los maravillosos
surtidores de tu patio
y el débil trino amarillo
del canario.

Por la tarde ves temblar
los cipreses con los pájaros,
mientras bordas lentamente
letras sobre cañamazo.

Amparo,
¡qué sola estás en tu casa,
vestida de blanco!

Amparo,
¡y qué difícil decirte:
yo te amo!

Encuentro

Ni tú ni yo estamos
en disposición
de encontrarnos.
Tú... por lo que ya sabes.
¡Yo la he querido tanto!

Sigue esa veredita.
En las manos,
tengo los agujeros
de los clavos.

¿No ves como me estoy
desangrando?
No mires nunca atrás,
vete despacio,
y reza como yo
a San Cayetano,
que ni tu ni yo estamos
es disposición
de encontrarnos.

Casida de la mujer tendida

Verte desnuda es recordar la tierra.
La tierra lisa, limpia de caballos.
La tierra sin un junco, forma pura
cerrada al porvenir: confín de plata.

Verte desnuda es comprender el ansia
de la lluvia que busca débil talle,
o la fiebre del mar de inmenso rostro
sin encontrar la luz de su mejilla.

La sangre sonará por las alcobas
y vendrá con espada fulgurante,
pero tú no sabrás dónde se ocultan
el corazón del sapo o la violeta.

Tu vientre es una lucha de raíces,
tus labios son un alba sin contorno,
bajo las rosas tibias de la cama
los muertos gimen esperando turno.

RENÉ CHAR

(Francia 1907-1988)

Marta

Marta de quien estos viejos muros
no pueden apoderarse.
Fuente donde se mira mi monarquía
solitaria.
Cómo podría olvidarte si no tengo
que acordarme de ti:
eres el presente que se acumula.
Nos uniremos sin tener que abordarnos,
ni prevernos.
No entraré el tu corazón para limitar
tu memoria.
No retendré tu boca para impedirle
entreabrirse
sobre el azul del aire y la sed de partir.

Quiero ser para ti la libertad y el viento
de la vida
que atraviesa el umbral de siempre
antes de que la noche
se vuelva inhallable.

Fidelidad

Por las calles de la ciudad va mi amor.
Poco importa hacia dónde en el tiempo dividido.
Ya no es mi amor, todos pueden hablarle.
Ella no recuerda ya, ¿quién en verdad la amó?.
Busca su igual en el deseo de las miradas.
El espacio que recorre es mi fidelidad.
Dibuja la esperanza y la despide enseguida.
Yo vivo en su profundidad como un despojo feliz.

CLAUDE SAINT PENIGMY

(Francia 1936-1969)

Lunas

Pálida
De adiós
Tu mirada de pájaro
Entiende los espejos
Desde el deseo rancio de los ríos
Que dibujan lunas para explicar al amor.

DYLAN THOMAS
(Inglaterra 1914-1953)

Amor en el hospicio

*Una extraña que anda mal de la cabeza ha venido
a compartir mi cuarto en esta casa,
una muchacha loca como los pájaros
traba la puerta de la noche con sus brazos, sus
plumas,
ceñida en la cama revuelta alucina con nubes
penetrantes.
Libre como los muertos
cabalga los océanos imaginarios del pabellón
de hombres.
Ha llegado posesa por los cielos.
Ella duerme en el canal estrecho,
desvaría a gusto
sobre las mesas del manicomio
adelgazadas por mis lágrimas.
Y tomado por la luz de sus brazos, al fin,
mi Dios, al fin
puedo yo de verdad
soportar la primera visión que incendia las estrellas.*

EDSON PAULO SILVA

(Portugal 1946)

Viento

Tremenda tempestad
Es el corazón que llevas
Como un tornado sobre mí
Que hace volar los techos de las casas
Y tumba los árboles de la calle
Y despluma a las palomas en Lisboa

Tremenda tempestad
Viento sobre sangre
Eres
Amor
Cuando me besas
Desde las bocas de Dios
Que traes desde la eternidad.

ANGEL GONZALES

(España 1925)

Me basta así

Si yo fuese Dios
y tuviese el secreto,
haría
un ser exacto a ti;
lo probaría
(a la manera de los panaderos
como prueban el pan, es decir,
con la boca)
y si ese sabor fuese igual al tuyo, o sea
tu mismo olor, y tu manera de sonreír,
y de guardar silencio,
y de estrecha mi mano estrictamente,
y de besarnos sin hacernos daño
-de esto estoy seguro: pongo
tanta atención cuando te beso-;
entonces, si yo fuese Dios,
podría repetirte y repetirte,
siempre la misma y siempre diferente,
sin cansarme jamás del juego idéntico,
sin desdeñar tampoco lo que fuiste
por la que ibas a ser dentro de nada;
ya no sé si me explico, pero quiero
aclarar que si yo fuese Dios, haría
lo posible por ser Angel González

para quererte tal como te quiero
para aguarda con calma
a que te crees tú misma cada día,
a que sorprendas todas las mañanas
la luz recién nacida con tu propia
luz, y corras la cortina impalpable
que separa el sueño de la vida,
resucitándome con tu palabra.
Lázaro alegre, yo,
mojado todavía de sombras y pereza,
sorprendido y absorto
en la contemplación de todo aquello
que, en unión de mí mismo,
recuperas y salvas, mueves, dejas
abandonado cuando -luego- callas...
(Escucho tu silencio. Oigo constelaciones:
existes.
Creo en ti. Eres. Me basta.)

W. B. Yeats

(Irlanda 1865-1939)

A una niña que danza en el viento

Baila allí sobre la orilla;
¿qué tienes tú que cuidar
cuando el viento y el agua rugen
y sacuden tu cabello empapado por la sal?;
por ser joven desconoces el triunfo del necio,
no ves que el amor se pierde tan rápido como
se gana.
¿Qué tienes tú que temer?
¿El grito monstruoso del viento?

CARLOS ALVAREZ

(España 1933)

Teoría del amor

Si el espacio y el tiempo son los pliegues
de la túnica del Destino
que muchos llaman Dios y que separan
todo encuentro posible de dos seres
destinados a unirse sin que el azar imponga
su capricho,
¡con cuánta presunción aquél que ama y es a su vez
amado
se imagina en el vértice del cosmos
en torno al cual los serafines danzan!
Mi amor nació en un tiempo no venido,
y nuestras vidas breves discurrieron
por paralelos cauces: geometría
que nos mantuvo fatalmente al margen
de un final venturoso. ¿Qué otra cosa
sino la vanidad dictó a Romeo
su pasión por Julieta? ¿Sólo en ellos
la copa rebosó la tragedia?
Mas acaso en el ente colectivo
Que llamamos mujer, que hombres nos llaman,
—lo demás es anécdota de un día—
se oculta la verdad: que cada encuentro
casual convierte en carne
y en sangre —eucaristía del sentido—

la comunión total de los humanos;
que en tu reposo, Alicia, cabe toda
la amorosa dialéctica del sexo.

INDICE ALFABETICO
DE AUTORES